FRAGMENT INÉDIT DE GROSLEY

ET

UN MOT ENCORE

SUR LES MÉMOIRES

DE

L'ACADÉMIE DE TROYES

PAR

M. LÉON PIGEOTTE

Correspondant de la Société nationale des Antiquaires de France

TROYES

IMPRIMERIE ET LITHOGRAPHIE DUFOUR-BOUQUOT
Rue Notre-Dame, 41 et 43.

—

1874

FRAGMENT INÉDIT DE GROSLEY

ET

UN MOT ENCORE

SUR LES MÉMOIRES

DE

L'ACADÉMIE DE TROYES

PAR

M. LÉON PIGEOTTE

Correspondant de la Société nationale des Antiquaires de France

TROYES

IMPRIMERIE ET LITHOGRAPHIE DUFOUR-BOUQUOT

Rue Notre-Dame, 41 et 48.

—

1874

[illegible]

[illegible]
[illegible]

[illegible]

[illegible]

[illegible]

[illegible]
[illegible]
[illegible]

FRAGMENT INÉDIT DE GROSLEY

ET

UN MOT ENCORE

SUR LES

MÉMOIRES DE L'ACADÉMIE DE TROYES

Le recueil de pièces intitulé *Mémoires de l'Académie de Troyes* est trop connu non-seulement des érudits mais même du public, pour qu'il soit besoin de parler avec développement de ces facéties où abonde le sel gaulois assaisonnant de nombreuses citations d'une érudition bien remarquable pour nos générations actuelles. Quel en est l'auteur ou quels en sont les auteurs? Question, au moment de l'apparition de ce piquant recueil, pleine d'intérêt, mais alors difficile à résoudre. En effet, les deux premières éditions, celles de 1744, non-seulement ne portaient le nom d'aucun auteur, mais le lieu de leur publication était évidemment dissimulé; l'indication de la ville de *Liége* était une fausse rubrique. La curiosité publique, justement éveillée par le vif attrait que les œuvres de ce genre présentaient aux esprits de cette époque si différente de la nôtre, se mit avec ardeur à en rechercher la paternité. Le nom de notre spirituel et savant compatriote Grosley fut prononcé le premier ; comme le succès autorisait l'aveu, notre malicieux écrivain laissa dire, et à bon droit, car les *Mémoires de l'Académie de Troyes* sont bien son œuvre, mais pour partie seulement. La vérité est que la confection des diverses pièces qui les composent appartient également à André Le Fèvre, avocat à Troyes, cousin de Grosley, et à David, fils du directeur des aides à Châlons, alors résidant à Troyes.

Puisqu'il en est ainsi, pourquoi les noms de ces deux derniers collaborateurs ne sont-ils plus aujourd'hui associés à celui de Grosley? Pourquoi la postérité attribue-t-elle l'œuvre commune à ce dernier seul? La raison s'en trouve, selon nous, d'abord dans le secret dont les auteurs se sont enveloppés au moment de la publication des premières éditions : les *Mémoires*, il faut le reconnaître, sont de ces productions que l'on ne désavoue pas quand elles réussissent, mais qu'avant le succès on n'oserait publiquement signer de son nom. De l'incertitude, que ce secret devait faire naître, à l'oubli la transition est facile à comprendre. Puis il est arrivé pour ce recueil ce qui s'est souvent reproduit lorsque, pour un ouvrage fait en commun, l'un des auteurs a acquis par d'autres travaux une réelle et solide célébrité, et que l'autre n'a attaché son nom qu'à des œuvres de peu d'importance : la postérité gardienne des noms qui ont bien mérité, laisse tomber dans l'oubli celui de l'obscur collaborateur que rien de saillant n'avait d'autre part recommandé, pour attribuer le mérite tout entier du travail commun à celui dont elle a conservé la mémoire. A un certain point de vue, c'est une injustice, mais contre laquelle les protestations sont presqu'impuissantes, car elle est la conséquence obligée du sort des choses de ce monde où la succession de faits toujours nouveaux amène l'oubli du passé. Des trois auteurs des *Mémoires*, deux noms sont aujourd'hui presqu'inconnus, un seul nous a été transmis et c'est celui, comme il devait arriver, de l'auteur qui par ses autres travaux avait mérité d'être conservé à la postérité.

Cependant, quelles qu'en soient les causes, nous le reconnaissons hautement, c'est une erreur et la justice nous impose le devoir de la signaler. Ce fut dans la même pensée de justice que M. Emile Socard, aujourd'hui conservateur de la Bibliothèque de la ville de Troyes, publia, en 1853, un travail portant ce titre : *Quelques mots sur un ouvrage intitulé : Mémoires de l'Académie de Troyes* (1).

Ce travail contient des détails d'un vif intérêt sur l'origine de ces *Mémoires*, les personnes qui les composèrent, les circonstances diverses dans lesquelles leur composition, comme leur publication, eurent lieu (2). L'intention évidente de l'auteur est de rétablir la vérité, de démontrer que la postérité commettait une injustice en attribuant à Grosley seul la confection des *Mémoires;* et que si notre spirituel historien avait une certaine part dans ce travail, une part considérable revenait à ses collaborateurs André Le Fèvre et David fils. A l'appui, il publiait *in extenso* deux documents importants, savoir :

1°. Une lettre d'André Le Fèvre du 13 février 1765, dans laquelle, tout en reconnaissant à Grosley quelque part

---

(1) *Mémoires de la Société d'Agriculture, des Sciences, Arts et Belles Lettres du département de l'Aube.* Année 1854. Tome V, deuxième série, pages 245-287.

(2) M. Emile Socard donne en outre aux bibliophiles de précieux renseignements sur les éditions qui en furent faites; il indique : 1° Celle de 1744, *Liége*, in-8°, 72 pages; 2° celle de la même année 1744, *à Liége*, in-8° deux vol., le premier de 56 pages et le deuxième de 16 pages; 3° celle de 1756, *Troyes*, 2 vol. in-12; 4° celle de 1768, *Troyes*, 1 vol. in-12, en faisant observer que cette édition est la même que celle portant au titre le nom de lieu : *Londres*, la date de l'an x et contenant, sous une pagination spéciale, l'éloge de Grosley par M. Herluison. Cependant cette énumération est incomplète, M. Socard a omis de comprendre l'édition publiée par le Comte de Caylus, dans son 12° vol., 1787, in-8°; elle présente quelques variantes dans les titres.

de collaboration, il lui reprochait avec amertume l'usurpa-
tion de son droit à la paternité des *Mémoires* dont la composition aurait été presqu'entièrement son œuvre personnelle.

2°. Et une lettre de Grosley, en date du 2 mai 1768,
adressée à M. Desmarets, inspecteur des manufactures de
Lyon. Dans cette lettre, Grosley avouait sa coopération aux
Mémoires de l'Académie de Troyes ; mais avec cette distinction : qu'il reconnaissait la paternité exclusive d'André
Le Fèvre pour certaines pièces du recueil et seulement la
participation de ce dernier pour d'autres pièces ; il repous-
sait le reproche que lui adressait son collaborateur de s'attribuer à lui seul la composition des diverses pièces comprises dans cet ouvrage.

En lisant avec attention ces deux lettres, et en tenant
compte de certaines exagérations dans des prétentions réciproques, ainsi que de certaines susceptibilités si ordinaires
aux gens de lettres, nous ne trouvons pas, pour notre part,
que Grosley ait dans cette circonstance porté une atteinte
grave aux devoirs imposés par l'amitié et la probité littéraire
et que l'erreur de la postérité puisse lui être reprochée
comme le résultat d'un fait d'improbité personnel et volon-
taire.

On a relevé à la charge de Grosley cette circonstance que
la lettre écrite par lui, datait de trois années après celle
d'André Le Fèvre, que ce retard était probablement volon-
taire, car le silence n'avait été rompu qu'après la mort de
ce dernier, alors qu'une réponse devenait impossible. En
effet, Le Fèvre était mort quand la lettre du 2 mai 1768 fut
écrite, mais nous ne saurions induire de ce fait une charge
contre son collaborateur ; cette mort, au contraire, laissait
le champ libre à toutes les affirmations, et dans ce moment
Grosley pouvait, sans craindre un démenti, dénier à l'auteur
ses droits à la paternité du recueil en entier et s'attribuer exclusivement cette paternité. Loin de là cependant, dans sa

lettre, il reconnaît à Le Fèvre, en termes formels, une large part de travail dans la collaboration à tout l'ouvrage.

L'étude de ces deux lettres fait connaître, en effet, quelles sont celles des pièces comprises dans le recueil qui appartiennent exclusivement à André Le Fèvre, à David fils, et celles qui sont l'œuvre commune de Grosley et de Le Fèvre. Dans les pièces composées en commun, quelle est l'étendue de la collaboration de chacun des auteurs? Question dont l'importance se comprend facilement, puisque de la réponse ressortira la légitimité des réclamations et des protestations de chacun des deux coopérateurs.

Pour une de ces pièces, la plus considérable du recueil, *La Dissertation sur les Ecreignes;* nous avons la bonne fortune de posséder un document dont l'autorité ne peut être contestée et qui répondra, nous l'espérons, à la question qui vient d'être posée.

Mais avant de le faire connaître, nous croyons utile de rappeler que Grosley, dans sa lettre du 2 mai 1768, disait, relativement aux Dissertations : *sur un Ancien Usage; sur un Proverbe, sur les Ecreignes;* « J'avais imaginé le pre-
» mier et le troisième de ces Sujets que je mis en grande
» partie dans l'état où ils ont paru. M. D... s'attacha au se-
» cond et le mit dans le même état (1). »

André Le Fèvre, dans sa lettre du 13 février 1765, écri-
vait ce qui suit :

« Il avait été question de disserter sur les *Ecreignes.*
» M. Grosley, qui était toujours mon esprit tentateur, m'ap-
» porta un mémoire beaucoup plus long que le précédent,
» contenant la note des diverses assemblées chez les anciens
» et chez les modernes qu'on pouvait ramener à ce sujet;
» mais le tout sans ordre, sans style, sans plaisanteries qui
» pussent du moins se soutenir sur le papier. J'arrangeai

---

(1) Page 264 du travail de M. Socard.

» mes idées, je divisai ma dissertation en quatre sections,
» je l'écrivis, et de même que dans la précédente, j'y em-
» ployai la première phrase du Mémoire de M. Grosley,
» et celles des citations qui me convenaient, dont je dis-
» persai une partie dans la troisième section, rejetant le
» reste dans une grande note que depuis j'ai suppri-
» mée (1). »

On le voit relativement à la *Dissertation sur les
Ecreignes*, rien de bien déterminé n'a été écrit par chacun
des auteurs ; il faut le reconnaître, le champ laissé aux ap-
préciations, aux interprétations diverses est bien étendu.
Nous espérons, en signalant l'existence du document dont
nous allons parler, fournir aux érudits les moyens de se pro-
noncer sur la question encore indécise : quel est le prin-
cipal auteur de la *Dissertation sur les Ecreignes*?

Il y a quelque temps, en travaillant au classement et au
catalogue des ouvrages, pièces et documents concernant la
ville de Troyes — des *Troyenneries*, suivant l'expression
vulgaire — dépendant du cabinet de mon beau-père,
M. F. Carteron, médecin à Troyes, le vieux bibliophile dont
la passion pour les livres n'a pas besoin d'être rappelée (2),
nous avions avisé dans une liasse de pièces diverses manus-
crites, non classées, un cahier, petit in-4° de 13 pages,
écrit sur un papier blanc jauni par le temps, portant en tête
la date de 1743 et ce titre : *Dissertation sur les Ecraignes,
lue à l'Académie des Sciences, Belles-Lettres et Beaux-
Arts de Troyes par M...*, *l'un des sept de cette Académie*.
A la lecture de ce titre et à l'inspection première du
texte, notre attention fut éveillée ; une copie, avec cette date
antérieure à la première édition, nous parut étrange ; nous

---

(1) Page 252 du travail de M. Socard.

(2) Ces documents, pièces et ouvrages sont classés et catalogués
pour être prochainement donnés à la Bibliothèque de la ville de
Troyes.

fûmes bien autrement frappés quand nous crûmes reconnaître que l'écriture était celle de Grosley. Notre appréciation pouvait être erronée, nous avons soumis ce manuscrit à l'examen de plusieurs de nos érudits, notamment au conservateur de notre Bibliothèque, M. Emile Socard, à qui l'écriture de notre savant compatriote devait être bien plus familière ; ils n'ont nullement hésité à reconnaître un véritable autographe de Grosley.

Voilà pour la partie graphique. Si à d'autres points de vue on examine avec attention le manuscrit, on remarque de nombreuses ratures, des surcharges, des interlignes qui peuvent parfaitement s'expliquer pour une œuvre originale, mais qui sont sans motifs plausibles pour une simple copie, surtout pour la copie d'un livre imprimé. Bien plus, si l'on compare le texte de ce manuscrit avec le texte imprimé, tous les doutes tombent. On remarquera, relativement au texte imprimé de la *Dissertation*, que dans les deux éditions de 1744 il est identique, mais qu'entre celui· de ces deux premières éditions et celui de l'édition de 1756, des différences notables existent dans la division du travail comme dans la composition elle-même. D'autres modifications moins importantes se trouvent dans l'édition de 1768 ; même dans l'édition donnée en 1787 par M. le Comte de Caylus on rencontre des variantes dans l'énonciation des titres des chapitres. Nous n'avons point à expliquer les raisons de ces changements ; une pareille étude dont les résultats seraient peut-être très-incertains nous entraînerait trop loin. Ce que nous devons dire, après examen de l'autographe de Grosley, c'est que nous avons constaté que si la *Dissertation* n'y est pas suivie jusqu'à la fin, si elle n'y est pas terminée, il ne peut être contesté que la plus notable partie du texte des éditions imprimées n'y soit comprise. Il existe, il est vrai, de notables différences dans les divisions de ce travail et dans la rédaction, mais on remarquera que le plus grand nombre des citations d'érudition, la partie savante, suivant nous la partie capitale, s'y retrouve presqu'entièrement reproduite ; aussi il nous semble difficile de ne pas reconnaître que la pensée créatrice et originale de la *Dissertation sur les Ecraignes* n'appartienne principalement à Grosley, et que Le Fèvre, dans le passage de sa lettre que nous venons de citer, a réduit à de trop faibles proportions la participation de son collaborateur.

D'ailleurs, qui pourrait affirmer aujourd'hui que la rédaction définitive du texte imprimé est due à Le Fèvre seul ? Cette rédaction et les différences qui se trouvent dans la 3° édition ne sont-elles point l'œuvre collective de Grosley et de Le Fèvre ? Rien ne démontre le contraire. Mais nous n'avons nullement la prétention de résoudre ces questions ; notre but est de signaler l'existence de l'autographe conservé dans notre collection à ceux de nos érudits qui, soucieux de la réputation de Grosley, voudraient connaître toute la vérité sur la réelle paternité des *Mémoires de l'Académie de Troyes*. Par l'étude de ce nouveau document et de ceux déjà connus, ils pourront dissiper l'obscurité qui enveloppe encore cette question, déterminer ainsi la part réelle de coopération des deux auteurs et attribuer à bon droit, à chacun d'eux, la part de mérite qui lui revient.

Notre intention, en faisant connaître l'existence de l'autographe de Grosley, n'est point de contredire à la pensée de justice qui a inspiré M. Emile Socard dans l'intéressant travail dont nous avons parlé, nous nous associons au contraire de tout cœur à cette pensée, et nous la confirmons toute entière ; seulement, nous ne voudrions pas que pour être juste à l'égard d'André Le Fèvre, on cédât avec trop de facilité à l'entraînement dont souvent les généreuses convictions sont la suite, et qu'on allât, vis-à-vis de Grosley, au-delà de la vérité !

Grosley est une de nos célébrités dont, à juste titre, quelque fondées que puissent être certaines critiques, nous devons être fiers. En présence de nos jeunes générations si

oublieuses du passé, sachons garder avec un religieux respect les véritables et les réelles gloires de notre cité ! Nous
savons que c'était presque un culte qu'avaient pour Grosley
ceux de nos anciens qui ont acquis dans les Lettres une réputation bien méritée, comme les Simon, les Herluison, les
Patris-Debreuil, notre si regretté et vénéré Président,
Corrard de Breban et tant d'autres. C'est un devoir de patriotisme, presque de piété filiale de veiller sur la mémoire
de ceux que nos pères ont tant aimé, tant admiré ; et,
avec le respect de la vérité, laisser intactes et entières des réputations qu'ils ont traitées avec tant d'honneur et qui sont
encore aujourd'hui notre gloire.

Quelque chère que nous soit la réputation de Grosley, et
quelqu'intérêt que nous ayons à la défendre des reproches
que l'on soulève à l'occasion de l'attribution exclusive que
la postérité semble lui faire de la paternité des *Mémoires
de l'Académie de Troyes*, nous le répétons, nous croyons
devoir nous abstenir et ne point donner dans cette question,
réellement délicate, notre opinion personnelle. Ce genre de
productions, si goûté encore dans le xviiie siècle, n'est
plus de nos jours. L'étude de ces jeux d'esprit inventés
pour faire montre de son érudition, de cette littérature, véritable réminiscence de celle que nous ont léguée Rabelais,
Villon et tous nos conteurs du xvie siècle, ne nous est guère
familière ; aussi nous avouons, sans hésitation, notre incompétence. Mais comme pour les érudits, pour les amateurs
de cette ancienne littérature, la solution présente un intérêt
réel, nous donnons *in extenso* le manuscrit de Grosley ; ils
pourront comparer et juger par eux-mêmes.

Les lignes qui précèdent, nous avons pensé nécessaire de
les écrire pour faire connaître l'étendue des prétentions réciproques des auteurs des *Mémoires de l'Académie*, et déterminer aussi clairement que possible l'état de la question,
par suite faire mieux comprendre quelle est l'importance
du document que nous publions.

MANUSCRIT DE GROSLEY

1743

DISSERTATION SUR LES ÉCRAIGNES.

ETC.

Lue à l'Académie des Sciences, Belles-Lettres et Beaux-Arts de Troyes,
par M. . . . . . . l'un des sept de cette Académie (1).

> . . . . . *quos agor in specus.*
> *Velox mente novâ ?* . . . . .
> HORAT., od. 25 du IIIᵉ liv.

C'est le Babil, Messieurs, dit Cicéron, qui a formé la société, et c'est le babil qui la soutient. *Societatis vinculum oratio* (2). Le babil, après avoir lié la société en général, a formé les assemblées particulières dans lesquelles les hommes et les femmes, sacrifiant à l'envie de parler leur haine, leurs mépris, leurs rivalités et leur indifférence mutuelles, s'entretiennent avec une cordialité passagère de tout ce qui peut regarder les intérêts et la réputation du prochain. Telles sont, Messieurs, les assemblées de nouvelistes, les caffés, les petits conseils, certaines académies subalternes; et, pour tout dire, en un mot, les Écraignes, qui sont le sujet de cette dissertation que je partage en quatre paragraphes.

Dans le premier, je donnerai la définition et l'étimologie du mot Écraigne;

Dans le deuxième, je présenterai à vos yeux nos écraignes avec toutes leurs dépendances;

Dans le troisième, je rassemblerai les écraignes de l'antiquité;

Dans le quatrième, enfin, je ferai voir que toute assemblée est écraigne plus ou moins.

---

(1) En donnant le texte du manuscrit de Grosley, on a respecté aussi religieusement que possible l'orthographe employée par l'auteur; il y a une trop grande différence dans l'orthographe avec laquelle un grand nombre de mots sont écrits et celle de nos jours, pour ne pas en faire l'observation.

(2) Cic., *de Offic., lib.* I, n° 16.

I.

Définition & Étimologie des Écraignes.

On entend en général, par Écraignes, des assemblées souter-
raines nocturnes de femmes. Furetière, lett. ESCR, dit que les
Ecrennes (1) sont des maisons creusées sous terre et couvertes de
fumier, où les filles vont faire la veillée. Le sieur Des Accords, dans
la savante préface qu'il a mise à la tête de son excellent traité sur
les *Ecraignes dijonoises* définit les écraignes en général : *Ruches
à vesser*. Définition qui réunit en un seul point de vue la forme du
bâtiment d'une écraigne et l'assemblée qu'il renferme.

Autant le sieur Des Accords a réussi dans cette définition, autant il s'est trompé lorsqu'il a entrepris de fixer l'étimologie du
mot Ecraigne. « Il vient par aventure, » dit-il d'abord, « du mot
escrin, qui signifie un petit coffret. » Ensuite, sentant combien les
deux choses sont peu analogiques, il la veut tirer — *nequicquam
reluctantem* — du mot *servum*, « parce que, » dit-il, « il se trouve
» dans les assemblées une infinité de varlots et amoureux,
» appelés autrement des voueurs, qui y vont pour découvrir le
» secret de leurs pensées à leurs amoureuses. » Il suffit, Messieurs,
de proposer une semblable étimologie pour la couvrir de tout le
ridicule qu'elle mérite; *monstrare destruere est*, dit Tertulien.
Abandonnons donc le sieur Des Accords et tâchons, avec le secours
du savant Génie qui préside à cette Académie, de fixer l'étimologie que nous cherchons d'une manière satisfaisante pour tous les
savants présens et à venir.

Lucien s'est très-souvent [servi] du mot Ἐκρινίζο (2), qu'aucun
auteur grec n'a employé avant lui. Or, Ἐκρενίζο signifie, dans le sens
de Lucien, se moquer, tourner en ridicule, *Baguenauder*, etc. Par
conséquent, il ne faut point chercher ailleurs la racine du mot
écraigne. Quelques gens malins la pourroient encore tirer du mot
grec κρανεία qui signifie en françois *cornier*, parce que les filles et
femmes que les écraignes rassemblent s'y entretiennent de leurs
intrigues amoureuses, et y admettent souvent leurs galans; mais

---

(1) Cette manière d'écrire *escraignes* (*sic*) est nouvelle, et comme elle tient
un peu du précieux, j'ai cru que l'ancienne ortographe seroit plus du goût de
l'Académie. (Note de Grosley.)

(2) Lisez Ἐκρινίζω [Éduit].

ce serait une allusion badine plutôt qu'une étimologie véritable, c'est-à-dire tirée *ex visceribus rei*.

II.

Description des Ecraignes.

Le sieur Des Accords, dans l'ouvrage cité ci-dessus, nous a donné le plan des Ecraignes dijonoises. Ce plan est de main de maître :

« Une Ecraigne est un taudis ou bâtiment, composé de plusieurs
» perches fichées en terre en forme ronde, repliées par le dessus
» et à la sommité, en telle sorte qu'elles représentent la têtière
» d'un chapeau, lequel après on recouvre de force motes et fumier
» si bien liez ensemble, que l'eau n'y puisse pénétrer. Entre deux
» perches du côté du bon vent, on laisse une ouverture de la lar-
» geur d'un pied par avanture et hauteur de deux pour servir d'en-
» trée, et tout à l'entour en dedans sont des sièges de motes pour
» asseoir la compagnie. Là se rassemblent les filles et femmes du
» voisinage qui y travaillent jusqu'à minuit à la faveur d'une pe-
» tite lampe pour les éclairer et d'une petite trape de feu pour les
» chauffer..... Quand l'écraigne est pleine, on y dit plein de bons
» mots et contes gracieux ainsi que j'en ai été témoin..... »

Cette description étendue des Ecraignes dijonoises du 16e siècle sert à expliquer celle que Tacite nous a donnée en peu de mots des écraignes des Anciens Germains. *Solent Germani*, dit cet auteur, *subterraneos specus aperire eosque multo insuper fimo onerant*, etc. (1). Elle supplée ainsi à ce que Virgile ne nous dit qu'en passant des Ecraignes des paisannes d'Italie :

> *Nec nocturnâ quidem carpentes pensa puellæ*
> *Nescivêre hycmem, testâ cum ardente viderent*
> *Scintillare oleum, et putres concrescre fungos* (2).

Soit que les Champenois aient de tout temps plus recherché leurs commodités que les Bourguignons, soit que le luxe ait infecté toutes les écraignes champenoises et bourguignonnes depuis le 16e siècle, il s'est glissé dans nos écraignes des changements et des innovations qui nous prouvent combien nos mœurs ont changé.

> *Ætas parentum pejor avis tulit*
> *Nos nequiores* (3).

---

(1) Tacite, *de moribus Germ.* [16, EDIT.]
(2) Virgil., *Georg., lib.* 1. [vers 390-393, EDIT.]
(3) Horat. [Odes, III, 6, v. 46, EDIT.]

Oui, Messieurs, nos écraignes autrefois hermétiquement fermées ont à présent au chapeau, ou à la sommité, une ouverture ou tuyau pour faciliter l'évaporation des exhalaisons de l'assemblée. L'air extérieur introduit par cette ouverture se mêlant avec l'air intérieur, le rafraîchit à la vérité, mais ce qu'on gagne d'un côté on le perd de l'autre, et l'impression des exhalaisons est moins forte, j'en conviens, mais de quel danger n'est pas cette impression immédiate de l'air extérieur sur toutes les têtes de l'assemblée? Vous savez, Messieurs, combien est dangereux l'air d'une cheminée pour ceux qui se trouvent placés perpendiculairement sous le tuyau.

Outre le danger pour la santé, le tuyau des écraignes a entraîné la perte de la liberté dans la conversation, et il est de très-dangereuse conséquence pour les mœurs.

Les garçons du village ne pouvoient autrefois, lorsque l'écraigne était fermée, ni entendre ce qui s'y disoit, ni s'y faire entendre; et lorsqu'ils n'y avoient point leurs entrées ils étoient réduits à attendre leurs belles à la porte. Mais aujourd'hui, couchés comme des veaux sur l'écraigne, ils voyent tout ce qui s'y fait, ils ne perdent pas un mot de ce qui s'y dit. Toute liberté est par là détruite, la conversation languit, on est occupé que de la crainte que l'écraigne surchargée par tous ces badauts n'envelope toute l'assemblée sous ses ruines; enfin, on est obligé d'essuyer tous les mauvais quolibets de ces jeunes libertins, sans compter les signes et gestes indécens de leurs mains qui se glissent par le tuyau, et dès qu'un serpent, dit Tertulien, a trouvé par où glisser la tête, le corps le suit bientôt (1).

La gourmandise et la bombance ont aussi pénétré dans nos écraignes par le fatal tuyau. La petite trappe de feu ne pouvant, depuis l'invention du tuyau, échaufer un volume d'air pareil à celui qui entre continuellement, il fallut augmenter le feu : on sentit, Messieurs, la nécessité des couvets. Le couvet introduit dans l'écraigne n'y servit d'abord que comme couvet, mais l'amour de la bonne chère fit bientôt faire réflexion que le feu ne sert pas moins pour cuire que pour échaufer. On porte donc mille bonnes petites choses qui furent depuis comme les agrets inséparables du couvet : des châtaignes, des oignons, des raves ou rèves, des topinambours. Ma commère, disait l'une, voulez-vous des châtaignes? Non, ma commère, j'ai des navets. Hé bien! ma commère, donnez-moi un navet, je vous donnerai deux châtaignes. Pendant tous ces

____

(1) Tertul., *de Pallio*.

dialogues, le tems s'écoule, l'ouvrage est en l'air, le fuseau ne sert qu'à remuer ce qui cuit dans ce couvet : *non hos inventus in usus !* Il brûle, le feu gagne le fil et souvent la quenouille; la conversation, autrefois délicate et spirituelle, n'est plus que de mangeaille. Tuyau ! Tuyau ! tu as gâté toutes nos écraignes et tu subsistes encore !

Le tems, Messieurs, loin d'affoiblir certains vices, tels que la gourmandise, ne fait que les augmenter; il ne faut donc point s'étonner si les navets, les topinambours, etc., ont disparu pour faire place à des mets plus délicats. Oui, Messieurs, nos couvets d'écraignes sont insensiblement devenus des autels sur lesquels on ne voit plus que les mets dont les anciens Dieux du paganisme étoient si friands : des tourteaux, des tartelettes, des petits pâtés, du boudin, des crèpes. Oui, Messieurs, des crèpes et du boudin ! et je crains que bientôt chaque couvet n'ait sa fraise de veau toute entière.

Avant de passer aux écraignes de l'antiquité, il faut observer que nous avons dans la Champagne quelques écraignes remarquables par leur structure, à laquelle l'art n'a point eu de part et qui sont en entier l'ouvrage de la nature. Telle est celle du village de Pâlis, à six lieues de Troyes. Semblable à ces antres célèbres de l'antiquité, elle a près d'un quart de lieue de profondeur; on y compte jusqu'à huit ou dix sales distinguées chacune par une voute en ogive. L'écraigne s'établit chaque soir dans une sale plus ou moins enfoncée selon le degré de froid, et on ne l'a jamais vue dans la dernière qui dans les plus grands froids est comme une étuve dont la chaleur n'est pas suportable. Cette écraigne, dira-t-on, et celles qui lui ressemblent n'ont point de tuyau : il est vrai, mais elles n'ont point de porte, elles sont remplies de faux fuyans et d'allées perdues; d'ailleurs la gourmandise y a introduit vers le commencement de ce siècle les couvets dont on s'étoit passé jusqu'alors.

III.

Ecraignes de l'antiquité.

L'antiquité nous offre une quantité aussi variée qu'intéressante d'écraignes : pour les parcourir avec ordre je les partage en quatre clasces. Comme j'ai l'honneur de parler devant une Académie, la première clasce renfermera les écraignes savantes, la seconde les écraignes fabuleuses et diaboliques; la troisième les écraignes religieuses, la quatrième enfin les écraignes souveraines et despotiques.

PREMIÈRE CLASCE.

Écraignes Savantes.

Le chœur des Neuf Muses est assurément la plus célèbre écraigne que l'amour des sciences ait jamais formée (1). Ces savantes filles occupées pendant tout le jour, selon Pitagore, à tirer de leurs instrumens la quintescence de la céleste harmonie, et à chanter les grandes actions des héros, se retiroient lorsque le serain commençait à tomber, dans des cavernes ou plutôt dans des palais souterrains. Là, dépouillées de l'atirail gênant de la divinité et rendues à elles mêmes, elles passoient la nuit à babiller sur les bals, sur les festins, sur les mariages, sur les amours des hommes; et c'était dans ces moments de gaité qu'elles inspiroient les Anacréons, les Saphos et les Callimaques : c'est ce que nous apprend le divin Orphée dans son hymne des Muses :

οὐδέ τι λήγονται μουσέων Βροτοί . αἱ τ᾽ ἔασι
κοίρανοι αἷσι μέμηλε χορος θαλίαι τ᾽ ἐραθειναὶ
Οἵ τε γάμοι καὶ θ᾽ ὀρχήσις, καὶ Κύπριδος ἔργα. (2)

Si l'on me demande dans quel auteur j'ai appris que les Muses avoient des apartements pour la nuit, je répondrai qu'il n'est pas vraisemblable que des personnes d'un sexe délicat fussent éternellement en faction sur la croupe d'une montagne, outre l'indécence d'une pareille faction continuée pendant la nuit. D'ailleurs je me rapelle un vers de Martial par lequel nous aprenons que sous le Pimplé, coteau limitrophe entre la Trace et la Macédoine il y avoit une caverne consacrée aux Muses, et cette caverne est une des écraignes que nous cherchons :

Cujus Pimpleo lyra clarior exit ab antro (3).

Parmi les écraignes savantes on peut compter cette assemblée des Nymphes qu'Horace vit un jour dans un antre écarté où elles prenoient les leçons de Baccus.

Bacchum in remotis carmina rupibus
Vidi docentem, credite posteri,
Nymphasque discentes (4).

---

(1) Strab., *lib.* 10; Plut. *Tract. de musica.*
(2) Orph., *Hym. ad Musas.*
(3) Mart., *Epigr.* [XI] *lib.* 12.
(4) Horat., Od. 19 du 2ᵉ liv.

Que l'on aille pas s'imaginer que par les leçons de Baccus, Horace entende un repas où le vin n'étoit pas épargné : un pareil soupçon ne pourait tomber qu'en des esprits ou pansans mal des Nimphes ou ignorans que l'ancienne Mitologie partageoit la direction du Parnasse entre Apollon et Baccus ; et que ce dernier avoit été nourri par les Muses dans les heureuses campagnes de l'Arabie (1).

Aux écraignes savantes je puis joindre l'écraigne allégorique dans laquelle Platon a placé la Nécescité, les Parques et les Sirènes. Là, dit le Philosophe, la Nécescité tient entre ses mains un grand fuseau de diamant et à l'entour d'elle sont les Parques, les filles qui en tournant le fatal fuseau chantent sur différens tons le passé, le présent et l'avenir ; et les sirènes qui sont les esprits harmoniques des sphères font la basse (2).

Longtemps avant Platon, Orphée avoit imaginé pour les Parques une écraigne dans un antre de marbre sur les bords du lac de Nichée :

κλῦτε μου εὐχομένου πολυῶνυμοι, αἵ τ᾽ ἐπὶ λίμης
οὐρανίας, ἵνα λευχὸν ὕδωρ νυχίας ὑποθέρμης
ῥήγνυζαί, ἐνοιαρῶ λιπαρῶ μυχῶ εὐλίτῶ ἄντρω
ναίουσαι, etc. (3).

SECONDE CLASCE.

Ecraignes fabuleuses et diaboliques.

Les forêts et les cavernes furent les premiers temples de l'idolâtrie. Ensuite on les regarda comme des écraignes consacrées par la présence des Nimphes, des Driades, des Amadriades et de toutes les autres divinités inférieures qui, selon les anciens Egiptiens, formoient la chaine mistérieuse d'Osiris qui embrassoit toute la terre.

Les Rabins sur ces paroles du 32ᵉ chapitre du Deutéronome : *ils ont sacrifié aux Schédim*, interprètent le mot *Schédim* par celui de Nimphes dont le culte étoit dès lors établi (4).

Il étoit difficile de faire un pas dans la Grèce sans trouver quelque écraigne de Nimphes. Le rocher sur le quel l'Acropole d'A-

---

(1) Cartan, *Imag. des Dieux*, Art. de Bachus.
(2) Plat., *de Leg.*, *lib.* 12 ; idem, *de Rep.*, *lib.* 10.
(3) Orph., *Frag.*
(4) Nic. de Lyra, *in Deutero.*

thènes fut bâti était célèbre par une écraigne de Nimphes dans la
quelle Apollon s'était humanisé avec une fille de Cécrops (1).

Les Nimphes Sp[h]ragitides avoient une écraigne dans une caverne creusée par la nature sous la croupe occidentale du mont
Citéron (2).

Les lois de Minos et de Numas leur furent dictées par des Nimphes dans les écraignes des quelles ces princes politiques faisoient
croire qu'ils avoient leurs entrées (3).

Outre les cavernes naturelles, les Nimphes tenoient écraigne
dans plusieurs petites chapelles bâties dans la campagne en leur
honneur par gens affectionnés à leur culte. De cette espèce est l'é-
craigne de la quelle les Nimphes aperçurent le berger Ménalque
dans une attitude deshonête et dont elles rirent à gorge déployée,
tant elles étoient bonnes déesses.

Faciles Nimphæ risére sacello (4).

Sans m'étendre sur l'antre fameux de Trophonius, ni sur les
écraignes des Sybilles — *Virg. Eneid. lib.* 6 — ni sur les souterrains habités par les Muses de Sicile *Sicilides musæ*; souterrains
qui existent encore, passons à l'écraigne dont Virgile nous donne
une description si galante dans l'épisode de son 4e livre des Géor-
giques.

La mère d'Aristée environnée de 16 nimphes aussi jeunes, aussi
tendres, aussi aimables les unes que les autres, ne leur tient point
des propos de prude. Elle leur raconte la jalousie noire de Vul-
cain, les stratagèmes de Mars pour réaliser l'objet de cette jalousie, enfin les intrigues amoureuses des Dieux depuis la naissance
du monde (5). A ces récits faits par une déesse qui avoit sçu cap-
tiver le cœur d'Apollon, je crois qu'aucune nimphe ne dormit et
qu'Aristée entrant dans l'écraigne au milieu d'une telle conversation n'y dut point paraître indifférent. L'empressement de la vive
et blonde Aréthuse à voler au devant de lui et à l'introduire justi-
fie mes soupçons; je pense même, en galant Académicien, qu'A-
réthuse ne fut pas la dernière à consoler Aristée de ses mouches.

---

(1) Pausanias, *in Atticis.*
(2) Plutarq., *in Aristid.* [19, EDIT.]
(3) Lact., *de Fals. Relig.,* lib. 1, cap. 22 ; Tit. Liv., lib. I.
(4) Virg., 3e *Eglog.* [v. 9, EDIT.]
(5) Virg., *Géorg.* 4e livre.

L'écraigne à la quelle présidait la mère d'Aristée n'était point une écraigne oisive :

>   ..... *Milesia vellera Nimphæ,*

dit Virgile,

>   *Carpebant hiali saturo fucata colore*

Et plus bas :

>   . . . . *fusis mollia pensa*
>   *Devolvunt. . . . . .*

Cela, Messieurs, pour apprendre aux femmes qu'elles ne sont pas moins nées pour travailler que pour babiller et que l'un ne doit point dispenser de l'autre (1).

Aux Nimphes succédèrent les FÉES qui jouent dans nos vieux romans les rôles remplis par les Nimphes chez les poëtes Grecs et Latins. Ne croyez pas, Messieurs, que j'aille vous parler des fées sur l'autorité de nos féeries modernes, féeries dont les auteurs n'ont jamais vu ni les fées ni leurs palais. Une savante Académie n'est point faite pour être bercée par de telles autorités. Je ne vous parlerai des écraignes des fées que d'après des témoins occulaires. Les écraignes des Nimphes dans lesquelles je vous ai promené depuis le commencement de cette dissertation ne sont que des écraignes de village en comparaison de celle qui va paraître à vos yeux.

Il y avoit une fois dans les montagnes de Norchia, au duché de Spolette, une fée dont la cour nombreuse quittoit souvent les montagnes pour faire peur et peut-être pour faire du bien aux paisans des villages voisins, *fortunatos sua si bona norint!* Dans les siècles les plus barbares et les plus ignorants il s'est toujours trouvé quelqu'esprit supérieur qui s'élevant au dessus des préjugés vulgaires ne se rend qu'à un examen sérieux et réfléchi ; tel était, Messieurs, l'auteur de l'ancienne histoire intitulée : *La Salade* (2). Il part de France pour rendre visite à la fée au nom seul de laquelle trembloit toute l'Italie. Arrivé dans les endroits que l'on regardoit comme les avenues de son palais, il grimpe sur une montagne dont la cime, partagée en deux têtes qui menacent le ciel, ne se communique que par une langue de rocher, longue de 40 pas, large au plus de 4 pieds et environnée de part et d'autre de précipices dans

---

(1) Voyez l'écraigne des Minéides ; Ovid., Mét. liv. 4ᵉ. [v, 32 et suiv. Edit.]

(2) *La Salade,* ancien ouvrage françois du xiᵉ siècle au plus tard. L'auteur de cet ouvrage y donne la relation de son voyage chez les fées de Spolete. Guar. Mesquino, ancien romancier italien, s'est fait honneur des mêmes aventures ; mais la critique éclairée n'est pas la dupe de ces sortes de larcins (note de Grosley).

les quels l'œil s'égare et se perd. L'intrépide voyageur franchit ce
1er obstacle, il passe ensuite dans une isle qui ne communique à la
terre ferme que par un petit banc de sable mouvant et enfoncé de
trois pieds dans une mer sans fond. Il sort de cette isle par un
chemin semblable. Arrivé en terre ferme il trouve une caverne
remplie de ténèbres palpables; quarante degrés taillés dans le roc et
usés de vieillesse le conduisent à une petite chambre de quatre
toises en quarré. Il découvre dans un coin de cette chambre un escalier sombre et étroit au fond duquel on entend un mugissement
semblable à celui de la mer en fureur : n'importe il enfile cet
escalier, il descend plus de cent degrés, il trouve le torrent dont les
vagues agitées faisaient le bruit qu'il avoit entendu en entrant dans
l'escalier et qui ne perdoit rien à être entendu de près. Il le tra-
verse : sur quel pont ! Sur un espèce de grand sac de laine flottant
et mal assuré sous le pied. Frappé de la nouveauté d'un tel pont, il
l'examine de près. — N'ayez pas peur, Messieurs, c'était la queue
affreuse d'un serpent monstrueux, lequel parle à notre voyageur et
lui dit qu'il s'appelle *Mascho* et qu'il a été ainsi transformé pour
avoir voulu entrer trop avant dans les secrets de la fée. L'intrépide
voyageur dit au serpent : Dieu vous bénisse; et il continue sa route
jusqu'à une grande porte cochère. C'étoit la porte du palais de la
fée, où le voilà donc enfin arrivé.

Je m'aperçois que le merveilleux d'un tel voyage vous a tous mis
en sueur. Essuyez vous, Messieurs, et en vous essuyant, comparez
les travaux que notre voyageur mit à fin pour trouver le palais de
la fée, à ce que vous avez à souffrir pour courir après la science
à travers tous les brocards d'une ville ignorante et sans goût.

Le voyageur introduit chez la fée se trouve au milieu de nouveaux dangers, plus redoutables que ceux qu'il venoit d'essuyer.
Parties de chasse, soupers galans, bals, tout fut employé par
l'amoureuse fée pour gagner le cœur et entamer la vertu du pèlerin
qui s'étoit par bonheur pourvu des conseils d'un saint hermite qui
logeoit assez près du palais de la fée; et en un mot, Messieurs, le
nouvel Ulisse sortit bagues sauves de l'écraigne de la Callipso de
Norchie. Dieu donne pareille issue à ceux qui tenteront par la suite
d'aussi hazardeuses entreprises !

L'Allemagne était remplie de fées avant le schisme de Luther;
elles y étoient connues sous le nom de *Nimphes Blanches* ou
Sybilles Blanches. Toutes les nuits on les voyoit dans les cavernes
coudre, filer, danser; et même si l'on en croit les graves auteurs

qui nous ont conservé ces faits, elles n'étoient point insensibles aux cajoleries des hommes (1).

Après les fées vient naturellement le sabath. Cette écraigne diabolique dans laquelle, selon la supputation des auteurs que je viens de citer, le nombre des femmes est à celui des hommes comme 15 1|2 est à un; soit que l'inclination des femmes pour le sabath ait son principe dans leur curiosité, soit qu'il l'ait dans la vivacité de leur imagination ainsi que le pense le P. Malbranche. J'ai appris de plusieurs témoins oculaires que les femmes qui hantent le sabath n'y paroissent qu'en y dansant masquées (2); et c'est par cette raison que le code Lombard appelle les sorcières *Mascas* : celles qui n'ont point de masques dansent dos à dos comme les camards des marionettes.

TROISIÈME CLASCE.

Écraignes religieuses.

(3)

QUATRIÈME CLASCE.

Veillées souveraines et despotiques.

Les instituteurs de l'idolatrie avoient, comme nous venons de le voir, appelé les femmes aux plus augustes fonctions du sacerdoce, et l'ambition des femmes satisfaite de cette prérogative n'envioit point aux hommes les places importantes de l'Etat. Maitresses en partie de la religion mais subordonnées en même temps aux loix politiques; c'est ainsi qu'elles figurent dans l'histoire ancienne jusqu'aux premiers empereurs romains.

Rome après avoir presque vu le cheval de Caligula décoré du laticlave et placé sur la chaise currule, vit, sans étonnement, s'élever sur le mont Quirinal un petit conseil composé de comères

(1) Caron, en son *Antechrist.* m. s.; Remig. lib., I, c. 17. Agric. *de Animalibus terrestr.*; Wier, *Traité des Diables*, liv. I, chap. 16.

(2) Grillan., *de Sortileg.*, c. 4, n. 3.

(3) Sous ce titre *Écraignes religieuses*, Grosley fait allusion aux fêtes nocturnes que les femmes du paganisme célébraient sous les noms de mystères de la Bonne Déesse, de Cérès, de Flore. Les éditeurs de la *Dissertation sur les Écraignes* n'ont fait qu'indiquer cette allusion; nous croyons devoir imiter leur réserve et renvoyer au manuscrit lui-même; le lecteur qui voudrait connaître le luxe d'érudition que notre savant compatriote a déployé sur cette question. Note de l'éditeur).

de qualité qui s'assemblaient les jours solennels et lorsque quelque
femme patricienne se marioit. Les empereurs avoient réglé la
séance des femmes à ce petit conseil, suivant l'ancienneté des fa-
milles d'où elles sortoient, sans aucun égard à la qualité de leurs
maris, *ne quæ maritos innobilitatos habeant innobilitatæ remane-
rent*. Cette écraigne se soutint selon le plan de son institution sans
aucune révolution qui ait mérité l'attention des historiens. Il étoit
réservé au fameux Héliogabale de la tirer de son obscurité : il lui
donna de nouveaux règlements, il y appela toutes les femmes un
peu distinguées, enfin il la décora du titre auguste de Sénat (1).

Soëmie, mère de l'empereur fut placée à la tête de cette écraigne
avec le nom, les honneurs et toute l'autorité des anciens dictateurs.
Le nouveau sénat exerçoit la juridiction contentieuse sur toutes les
comères de l'Empire romain. Il rendit une foule de sénatus consultes
ou arrêts, tantôt sur le rang, le pas entre les femmes, tantôt sur la
couleur, sur l'étoffe, sur la façon de leurs habits. La dimension des
révérences fût fixée par plusieurs arrêts; d'autres réglèrent le droit
que les femmes avaient, selon la différence des conditions, de pa-
roitre dans les rues sur un âne, sur un cheval, sur un bœuf, dans
une chaise à porteur ou dans un carosse. La distinction même des
carosses fut établie, en carosses d'auripeau pour les femmes des fi-
nanciers, carosses ouvragés d'yvoire pour les dames patriciennes et
carosses dorés pour la cour de l'Empereur. Tous les arrêts for-
mèrent un corps de jurisprudence qui fixa les modes autant irré-
vocablement que des arrêts de femmes peuvent être irrévocables.

Quoiqu'aucun historien depuis Lampride n'ait parlé de cette
illustre écraigne on peut assurer, vu la sagesse d'un tel établisse-
ment qu'il subsista jusqu'à l'entière destruction du sénat de Rome.

———

La Dissertation sur les Ecreignes s'arrête en cet endroit
dans le manuscrit de Grosley, bien qu'elle soit continuée de
quelques pages dans les diverses éditions qui en ont été
données. En effet, le paragraphe 4° indiqué dans la division
du travail, au commencement de la dissertation, manque
dans le manuscrit.

---

(1) Lamprid., *in Heliogab. Matronarum senatulum.*

Avant de livrer à l'impression le manuscrit de Grosley, nous avons eu la pensée de soumettre le texte des citations grecques à notre excellent ami M. D'Arbois de Jubainville, archiviste de l'Aube; il crut reconnaître certaines inexactitudes dans la manière dont plusieurs mots étaient écrits. Alors nous recherchâmes avec lui à rétablir le texte de ces citations; ce qui ne se fit pas sans quelque difficulté. Pour la première, Grosley indique le passage comme tiré de l'hymne adressée aux Muses, indication confirmée dans les éditions imprimées des *Mémoires*, et cependant nous n'avons rencontré dans les hymnes de ce poète rien de semblable. Nous n'avons trouvé dans les Scholies d'Appollonius, sur le *Poëme des Argonautes*, livre III. Muller, *Fragmenta philosophorum græcorum* I, p. 177., et *Appollonii Rhodii Argonauticon libri IIII scholia vetusta*, 1574, Henri Estienne, p. 125, que les deux vers qui suivent; nous les copions sur l'édition de M. Müller :

Οὐδέ τι λὴθονται Μουσέων Βροτοί αἱ γαρ ἔασι
Κοίρανοι αἶσι μέμηλε χορος θαλίαι τ' Ἐρατεναί

Le dernier vers de la citation semble avoir été de l'invention de Grosley qui en a pu trouver la pensée dans la suite de la Scholie d'Apollonius que nous avons citée, laquelle traite des danses et des noces.

La seconde citation ne se trouve point aux *Fragments* d'Orphée, quoiqu'on ait indiqué cette provenance dans les *Mémoires* imprimés. En réalité, elle fait partie de l'invocation aux Parques, hymne 58°, vers 2-5 ; elle est écrite de la manière suivante dans Henri Estienne : *Poetæ græci principes*, 1566, II, 120.

Κλῦτε μου ευχομένου πολυώνομοι αἶτ επι λίμνης
Οὐρανίας ἵνα λευκὸν ὕδωρ νυχίας ὑπὸ θέρμης
Ῥηγνυται Ἔνσκιερῶ λιπαρῶ μυχῶ ευλιθῶ αυτρῶ.
Ναίουσαι.

Ces inexactitudes piquèrent notre curiosité et nous enga-

gèrent à soumettre à un même examen quelques-unes des
autres citations d'érudition. Nous disons, seulement quelques-unes de ces citations ; car nous étions obligés de nous
limiter ; en effet, dans plusieurs, l'absence de précision aurait rendu le travail d'investigation réellement trop étendu ;
pour d'autres, nous n'avions point sous la main les ouvrages
indiqués par l'auteur, tels les *Images des Dieux* de Cartan,
La Salade, etc.

Nous avons reconnu que les citations tirées des poètes et
historiens latins, Virgile, Horace, Ovide, Tacite, Tite-Live,
sont exactes. Nous les avons notées ; mais sur d'autres, nous
avons fait les remarques suivantes :

1°. Celle tirée de Cicéron (1) est inexactement indiquée
et incomplètement relevée. C'est au chapitre 16, n° 50,
de Officiis qu'elle se trouve, et le texte porte.... *ejus [socie-
tatis] autem vinculum est ratio et oratio.*

2°. Tertulien (2), dans son traité *de Pallio*, chap. 3,
parle bien du serpent, mais dans des termes tout diffé-
rents.

3°. Dans le *Traité de la Musique*, de Plutarque (3), il
n'est nullement mention du chœur des Neuf Muses d'une
manière un peu précise.

4°. Le titre *de Animalibus terrestribus*, donné à un des
ouvrages d'Agricola (4), ne se trouve point dans la nomen-
clature des œuvres de cet auteur.

5°. Celui : *Traité des Diables* (5), pour l'ouvrage de

---

(1) Page 12.
(2) Page 15.
(3) Page 17.
(4) Page 22.
(5) Page 22.

Wier, n'est point le titre réel; le véritable se trouve dans Brunet, v° édition.

6°. Même remarque sur le titre de l'ouvrage de Grillandus (1). Suivant Brunet, le véritable titre est : *de Hereticis et sortilegibus.*

7°. Dans Lampridus (2), le texte porte, au chapitre 4 d'Héligobale : *senaculum id est mulierum senatum,* et non pas *senatulum.*

Nous ajouterons que les éditeurs des *Mémoires,* par des motifs que nous ne connaissons point et que nous ne pouvons apprécier, ont supprimé dans les diverses éditions successivement publiées, un certain nombre des citations dont Grosley avait émaillé son travail; mais comme ils conservaient la pensée que donnaient ces citations, ils ont, dans un grand nombre de cas, indiqué les auteurs et les ouvrages d'où elles étaient tirées. En donnant ces indications, les éditeurs ont reproduit toutes les inexactitudes que nous venons de relever. Ainsi, suivant Le Fèvre, le concours de Grosley aurait été sans aucune importance, et cependant on l'a suivi dans presque toutes ses fautes; la remarque méritait bien d'en être faite.

On peut cependant juger, par le résultat de nos recherches sur une partie des citations du texte inédit de Grosley, avec quelle légèreté notre malicieux académicien traitait, quelquefois, la question d'érudition. Si l'adage *ab uno disce* est vrai, on comprend la réserve avec laquelle il faut admettre l'exactitude de sa science. Les auteurs de la *Dissertation sur les Ecreignes* nous semblent avoir eu conscience de la faiblesse de leur œuvre à ce point de vue, mais comme ils n'étaient point gens à s'embarrasser, ils ont eu l'ingénieuse précaution d'insérer à la fin de la

---

(1) Page 22.
(2) Page 23.

Dissertation, dans la première édition de 1744, l'avertissement qui suit :

AVERTISSEMENT DE L'ACADÉMIE.

« L'Académie s'aperçoit avec douleur qu'il s'est glissé
» un nombre infini de fautes dans l'impression de son ou-
» vrage : elle demande en grâce au Public de ne lui en
» sçavoir point mauvais gré. Elle aurait pu mettre ici un
» *Errata*; mais elle a pensé que les sots ne s'apercevraient
» pas de ce qui est défectueux, et que les gens d'esprit
» scauraient y suppléer. »

Troyes, le 18 novembre 1873.

(Extrait des Mémoires de la Société Académique de l'Aube. —
Tome XXXVII, 1873.

IMPRIMERIE DUFOUR-BOUQUOT
TROYES.